NOTICE HISTORIQUE

SUR LA

MAISON DE HAMAL

NOTICE HISTORIQUE

SUR LA

MAISON DE HAMAL

TYPOGRAPHIE DE FIRMIN DIDOT FRÈRES, FILS ET Cⁱᵉ

IMPRIMEURS DE L'INSTITUT DE FRANCE

RUE JACOB, 56.

M DCCC LVI

NOTICE HISTORIQUE

MAISON DE HAMAL

La maison de Hamal, dont sont issus les barons et comtes de Hamal, de Gomignies et du Saint-Empire romain, barons de Monceau et de Vierves, etc., les barons et marquis de Trazeignies, est une branche directe de l'illustre maison des comtes de Looz, qui étaient anciennement princes souverains de la partie de la Mosellane nommée Osterne. Charlemagne, à l'extinction de la première lignée des comtes de Looz, qui étaient, disent les auteurs, mérovingiens, en donna l'investiture à Oger le Danois, dit le Preux, fils puîné de Gottrick, roi de Danemark, dont la postérité, qui s'est continuée jusqu'à nos jours par la branche de Looz-Hamal, l'a possédée en toute souveraineté et sans conteste jusqu'en 1336, comme nous allons l'expliquer. (Extrait de la *Généalogie historique de la maison de Hamal*, par Grammaye, historiographe des Pays-Bas, 1614.)

Il n'entre pas dans les limites de ce rapide récit de

retracer l'histoire des comtes de Looz (1), si intimement liée à celle de notre pays, et qui ont été la tige de plusieurs familles souveraines, notamment celle des comtes et princes de Hornes, de leurs alliances avec un grand nombre de maisons souveraines, et des hauts faits qui leur ont donné tant d'illustration dès les temps les plus reculés. Nous nous bornerons à parler de cette branche de Looz qui porta écartelé Looz et Hamal, et prit le nom de Hamal parce qu'une héritière de ce nom lui avait apporté cette seigneurie, ainsi que nous allons le rappeler et l'établir.

Jean de Looz épousa la fille unique de Florent ou Loys, sire et baron de Hamal, dit l'Ancien. Il était fils

---

(1) Le comté de Looz, qui a appartenu aux princes et seigneurs de cette maison depuis la fin du huitième siècle jusque vers le milieu du quatorzième, était une vaste contrée, fief de l'Empire. Limitrophe vers Diest de la Campine brabançonne, il s'étendait vers Maëstricht, et communiquait par le comté de Hornes à la Gueldre autrichienne, et par le pays de Hasbaye, qui en relevait comme le comté de Hornes, il touchait au duché de Brabant et au comté de Namur. Sa longueur était de trente-cinq lieues sur dix de large environ. Il renfermait dix villes ou places fortifiées, dont Looz était la capitale, et cent vingt bourgs et châteaux. (Mantelius, *Hist. Lossensis.*) Le comte de Looz était souverain immédiat, et l'empereur Frédéric II le qualifiait prince de l'Empire.

Parmi les personnages historiques de cette maison, nous citerons Poppo de Looz d'Osterne, élu en 1254 sixième grand maître de l'ordre Teutonique, prince de l'Empire. (*L'Art de vérifier les dates*, tome III, page 540.) Il avait, selon Munsterius, succédé à Conrad, landgrave de Thuringe. (Grammaye.)

de Jean, comte de Looz et de Chiny, qui mourut en
1269, lequel avait épousé en premières noces la fille
de Godefroid, duc de Brabant, et, en secondes noces,
la fille du comte de Rethel, dame d'Agimont, laquelle
mourut en 1267.

Jean de Looz, issu du premier mariage, s'intitula
baron de Hamal, du chef de sa femme, qui lui avait
apporté cette seigneurie, écartela Looz et Hamal, et
forma la branche qui s'est continuée jusqu'à nos jours.

Jean, son frère utérin, issu d'Agimont par sa mère,
prit le nom d'Agimont, tandis que le comté de Looz
fut dévolu à l'aîné, Arnoul VI, surnommé le Guerrier,
qui épousa Marguerite de Chauvines. Ce prince mourut fort vieux, en 1325, après avoir été à la guerre
sainte. Son fils Loys, qui lui succéda, mourut en 1336,
sans enfants de sa femme Jeanne de Hainaut, fille du
comte de Blamont.

C'est de Jean de Looz et de Jeanne, héritière de
Hamal, qu'est issu Guillaume de Looz, baron de Ha-
mal, surnommé le Riche. Il eut de son mariage avec
Marguerite, dame de Kersbeck, Jean de Looz(1), ba-

---

(1) Louis d'Eynatten, dans son ancien recueil d'inscriptions funérai-
res, mentionne sa tombe et celle de la dame de Rumen, son épouse,
avec leurs inscriptions ainsi conçues : « Ci gît monseigneur Jehan, sire
de Hamal, qui trépassa l'an 1386, le dernier de juin. » « Ci gît dame Marie
de Rumen, dame de Hamal, jadis femme à monseigneur Jehan, sire
de Hamal, qui trépassa l'an 1358. » Il mentionne une autre tombe sur

ron de Hamal, seigneur d'Elderen, Brusthem, Bur-
ghars, Spalbeck, Varfusée et autres lieux, qui mourut
le dernier de juin 1386, laissant un fils, Guillaume de
Looz, baron de Hamal, de son mariage avec Jeanne,
sœur et héritière d'Arnoul, baron de Rumen, dont la
mère, Jehenne de Looz, était l'aînée des sœurs du
comte Loys précité. Il prétendit avec le baron de Rumen (1) à la comté dont Thierry, seigneur de Heins-
berg, et fils de Marguerite de Looz, sœur cadette du
comte Loys, s'était mis en possession en vertu du tes-
tament de ce dernier, et s'y était maintenu avec l'ap-
pui de son beau-frère, l'évêque de Liége, Adolphe de
la Marck. Les droits de son fils, Guillaume de Looz,
baron de Hamal, s'accrurent plus tard de la cession
qui lui fut faite du comté à la mort de Thierry, sur-
venue en 1361, par son cousin, Godefroid de Heins-
berg et d'Alembrouck, qui en avait été déclaré héritier testamentaire. Mais, dit l'historien Grammaye,

---

laquelle on lisait en langue flamande : Jean de Looz de Hamal, tué à la
bataille de Basselvire, l'an 1375.

(1) Le baron de Rumen, qui combattit pour le comté de Looz, n'était
pas moins puissant par ses grandes alliances que par l'étendue de ses
domaines. Mantelius dit qu'il descendait de la grande maison d'Avans,
et qu'il jouissait d'un grand crédit à la cour du duc Venceslas de Brabant. Il cite un document, du 19 octobre 1361, dans lequel il est qualifié
de cousin du duc, dont il commandait toute l'armée. Il avait épousé la
princesse Isabelle, fille de Louis, comte de Flandres. (Mantelius,
Historia Lossensis, livre IX, pages 283 et 284.)

auquel nous empruntons ce récit sommaire, comme nous avons reproduit textuellement de son ouvrage l'extrait généalogique qui précède, *Jean d'Arckel, évêque de Liége et d'Utrecht,* qui réclamait la comté comme fief rendu mouvant de son église par le comte Arnulphe V^e du nom, « *étant plus puissant qu'eux,* « *leur ravit et usurpa le pays et comté de Looz, et, après* « *leur avoir pris les châteaux et forteresses qu'ils pos-* « *sédaient au pays de Liége, les contraignit, contre* « *toute raison et équité, à signer l'accord de* 1366, *tel* « *que le voulut l'évêque.* » En vertu de cet accord imposé par la force et consigné dans l'histoire (1), Guillaume de Looz, baron de Hamal, *renonça au comté jusqu'à des temps plus heureux, réservant son action à ses successeurs,* et reçut en dédommagement des terres et seigneuries considérables et une pension viagère de trois mille florins ; et depuis lors le comté de Looz fut réuni aux États des princes-évêques de Liége, qui le possédèrent, et en portèrent le titre jusqu'à l'époque de la révolution française.

De dépit, dit l'historien Grammaye, d'avoir été dépossédé d'une souveraineté qui lui revenait à si juste titre et bon droit, et qui avait appartenu à sa maison pendant plusieurs siècles, il quitta les armes de Looz

---

(1) Cette transaction est rapportée dans l'histoire de Liége, et elle est mentionnée dans le Père Anselme, tome II, page 334, Généalogie des comtes de Looz.

pour relever celles de Hamal avec l'ancienne bannière, la campane ou clochette tenue par une main sortant de la nue, et ces mots : *Vocat et revocat.* Il épousa Jeanne de Corswaren, comtesse de Niel. De lui est issu Arnoul de Hamal, sire d'Elderen, Varfusée, Brocqueweils, Surbende, etc., surnommé le Prudent, parce qu'il avait pacifié les Liégeois révoltés. Il épousa Agnès, dame héritière de Trazeignies (1), comtesse d'Autresise, princesse de francs-fiefs. Elle lui apporta les immenses possessions de cette illustre maison, qui s'éteignait en elle, et qui, comme on le sait, était issue des comtes de Hainaut, de la branche du Rœux. D'Arnoul de Hamal, qui mourut en 1456, descendent les marquis de Trazeignies actuels. Anseau, un de ses fils puînés, releva le nom de Trazeignies, écartela Trazeignies et Hamal, et continua cette maison.

Gauthier, frère d'Anseau et sire de Monceau, devint le chef de la maison de Hamal. De lui sont issus les comtes de Hamal et du Saint-Empire romain, vicomtes de Focant, etc., etc., aujourd'hui représentés.

Guillaume de Looz, baron de Hamal, en relevant, comme nous venons de le dire, le nom et les armes de Hamal (2), dont son bisaïeul Jean avait recueilli

---

(1) La maison de Trazeignies compte un connétable de France, Gilles de Trazeignies, connétable en 1248.

(2) Hamal porte de gueule la fasce fuzelée de cinq pièces, manteau et couronne ducale, et criait Hamal.

l'opulent héritage par son mariage avec une héritière de cette maison, allait continuer un nom illustre et très-ancien. De vieilles légendes disaient la haute antiquité de ce nom et du château situé dans le comté de Looz, près Tongres, légendes rapportées par Emmanuel Sueyro dans ses *Annales des Pays-Bas*, l. XII, imprimées en 1347, et dans le livre intitulé *les Délices du pays de Liége*, 2ᵉ tome, page 240. Florent ou Loys, baron de Hamal, dont la fille unique épousa Jean de Looz, tenait un rang éminent dans la haute noblesse du pays de Liége, et son alliance avait été recherchée avec raison par Jean de Looz, dont la maison était si illustre et si puissante par ses terres souveraines, puisque, comme le disent les auteurs et historiens, le comte de Looz (1) battait monnaie d'or et d'argent ayant cours en tout pays.

Telle est, d'après plusieurs auteurs, Leblond, Laisné (2), et particulièrement *très-docte et vénérable Jean-*

---

(1) Il s'intitulait : Par la grâce de Dieu, comte de Looz et de Chiny, comme on le voit en plusieurs ordonnances et chartes rapportées par Mantelius, et notamment dans l'acte de confirmation de la fondation de l'abbaye d'Éwersburg faite par le comte Arnulphe en 1135 (Grammaye).

(2) Carpentier (*Histoire de Cambray et du Cambresis*) rapporte aussi, tome II, IIIᵉ partie, page 645, d'après quelques auteurs, le mariage de Jeanne, fille héritière de Loys, sire de Hamal, avec un fils de Jean, comte de Looz, laquelle, dit-il, porte dans cette maison la seigneurie de Hamal, et dont l'arrière-petit-fils Arnoul, sire de Hamal, épousa Agnès, dame héritière de Trazeignies.

Baptiste de Grammaye, docteur ès droit, prévôt d'Ar-nehm, héraut d'armes, historiographe de Leurs Altesses sérénissimes (1) *et des provinces des Pays-Bas*, qui a dressé en 1614 la généalogie et descendance de la maison de Hamal, depuis Oger le Danois, qui mourut en 792 (2), jusqu'à Guillaume de Hamal, comte de Gomignies et du Saint-Empire, mort au dix-septième siècle, telle est, disons-nous, l'origine de la maison actuelle de Hamal, qui est une branche des comtes de Looz. La carte originale de Grammaye est dans les archives de la famille, revêtue de toutes les signatures qui lui donnent une authenticité incontestable.

Mais lorsque l'historiographe des Pays-Bas, Grammaye, qui jouit d'une autorité si grande parmi les auteurs de notre histoire nationale, rédigeait cette carte généalogique (3), les preuves de l'affiliation et descen-

---

(1) L'archiduc Albert et l'infante Isabelle.

(2) Selon Jean de Vireux en son *Inventaire de France*, folio 113, 7ᵉ vol., il périt en 792 à la bataille de Ronceval, avec la fleur de la chevalerie de Charlemagne.

(3) Elle est intitulée : *Généalogie, descendance et filiation des très-illustres et très-anciens princes et comtes de la partie de la Mosellane nommée Osterne, maintenant le pays de Looz,*

Depuis Oger le Danois, fils du roi Gottfridt de Danemark, jusqu'à messire Guillaume de Hamal, comte de Gomignies et du Saint-Empire, à présent vivant, le tout avec ses armoiries et celles de leurs alliances,

Fidèlement recueillies

Par très-docte et vénérable Jean-Baptiste de Grammaye, docteur ès

dance de Looz avaient été antérieurement produites
à Prague, à la chancellerie du Saint-Empire, et cette

---

*droit, prévôt d'Arnehm, hérault d'armes, historiographe de Leurs Al-
tesses sérénissimes et des provinces des Pays-Bas. 1614.*

Cet intitulé est suivi de l'énumération *des auteurs allégués desquels
est recueillie la présente généalogie;*

Savoir : Adrianus *Serieckius* Rodornius;
Chroniques *de Liége;*
Eginaldus;
Guichardin;
Du Fauchet président;
F. Amandus Zerixcensis;
Claude du Vreit, Sr de Vaulx plaisant;
D. Geuffroy, des empereurs;
J. Bouchet d'Aquitaine;
Jacobus Gordonus et Moreus, societ. Jesu;
Gerard Sr de Hailan;
M^tre Jean Lemaire;
F. Jean Arithemius, abbé de Saint-Jacques à Wirsborgh;
Jean Chapeauville, vicaire à Liége;
Sébastien Münsterus Sigibertus;
Wernerus Westphalus;

*Patentes et pancartes de divers empereurs, rois et princes souve-
rains, priviléges et grâces données par les comtes d'Osterne ou de
Looz à plusieurs villes et abbayes, diverses guerres et concordats des-
dits comtes avec les évêques de Liége, fondation d'abbayes, canonicals,
hôpitaux, cloîtres, villes et châteaux,*

Obitaires,
Sépultures,
Testaments,
Traités de mariage.

descendance avait été formellement reconnue, ainsi qu'il résulte d'un diplôme de l'empereur Rodolphe II, en date du 11 mai 1601, par lequel Guillaume de Hamal, baron de Gomignies, a été déclaré à Prague comte du Saint-Empire romain, comme étant descendu des très-anciens et très-illustres comtes souverains de Looz.

Le 13 mai 1614, le même comte Guillaume obtenait l'érection en comté de sa baronnie de Gomignies, et dans le diplôme délivré à cet effet par l'archiduc Albert et l'infante Isabelle, gouverneurs des Pays-Bas, il est rappelé qu'il est issu des anciens comtes de Looz (1).

La famille de Hamal ne tire pas moins d'illustration des alliances qu'elle a contractées. Nous ne ferons pas

---

(1) La descendance de Looz est ainsi consignée dans le considérant : Nous ayant été fait rapport de l'ancienne et très-noble extraction de notre cher et féal Guillaume de Hamal, comte du Saint-Empire, baron de Monceau et de Gomignies, qui est des anciens comtes et seigneurs de la province de Looz, lesquels, après en avoir été dépossédés, ont pris leur demeure aux limites de Brabant, Hainaut et Namur, au moyen de l'alliance contractée avec la dame héritière de Trazeignies, descendue des comtes de Hainaut, avec titre de sire et baron de Hamal, Monceau, Trazeignies et Vierves, et des bons et remarquables services qu'ils ont rendus avec leur postérité à leurs princes, ducs, et qualités et charges, soit de gouverneurs et capitaines généraux de provinces, de grand maître d'hôtel, de sommeliers de corps (grand chambellan), de chef et colonel de gens de guerre, nommément messire Jean, baron de Hamal, etc., etc.

mention de celle des comtes de Looz avec un si grand nombre de maisons souveraines; nous en citerons seulement quelques-unes de la branche de Looz-Hamal. Au quatorzième et au quinzième siècle, elle s'est alliée aux Faukemont des ducs de Limbourg, aux Alsteren, maréchal héréditaire de Juliers, aux Lamarck, aux Schonworst, issus de Limbourg, aux Trazeignies des comtes de Hainaut. Vers la même époque, on compte les Melun, princes d'Épinoy, les Lalaing, comtes d'Hochstade, les princes de Gavres d'Aysau; au seizième siècle, les comtes de Gremberg, de Brederode, de Berckem, de Mérode de Bornheim, de Rivière d'Arschot, d'Hinckart, seigneurs de Marchiennes, les princes de Croÿ de Solre, de Gavres de Depembeck, les princes de Henin-Liétard, seigneurs de Fontaine-l'Évêque, les comtes de Culembourq, de Renesse des comtes de Hollande, les marquis d'Yves, Bourbon, princes de Carency, les princes de Rubempré, de Lamarck-Arenberg, de Ligne, les comtes d'Argenteau, d'Oignies, Ayembrugge, comtes de Duras, les comtes de Beaufort de Celles, les marquis de Trazeignies, les comtes de Sainte-Aldegonde.

Au dix-septième siècle, on remarque les princes de Henin, seigneurs de Fosseux, les barons de Hautpenne, les comtes de Salm, de Berlo, de Clavière, les Trazeignies, les princes de Montmorency de Neuville, les ducs de Strozzi; au dix-huitième et au dix-neuvième siècle, les marquis de Bouillé, les comtes de Renesse, d'Apremont-Lynden, de Liedekerke, les marquis Ximenès, de Bassompierre, les princes de Croÿ, les comtes Isendorn de Blois, les princes de Croÿ, les comtes de Bryas, de Horion, d'Apremont, de Fresnel, de Berlo, les marquis d'Yves, les barons de l'Halle, les comtes de Hoen, les princes de Hohenzollern, etc.

Au nombre des immenses possessions de cette famille était la seigneurie de Varfusée, qu'une des deux filles de Thiry de Moumale, seigneur de Seraing, porta dans la maison de Hamal, et non dans celle d'Enghien ou de la Marck, comme le dit à tort Hemericourt; puis la seigneurie de Sheeren Elderen, que l'héritière de cette terre porta dans la maison de Hamal vers 1300. Anne de Hamal, qui mourut en 1550, et qui avait épousé Frédéric de Renesse, lui avait apporté en dot ces deux seigneuries. C'est à partir de cette époque que la branche dont Frédéric de Renesse est la souche porta écartelé Renesse et Hamal. Il faut encore citer la baronnie et la ville de Fontaine-l'Évêque, dont Marie de Hamal était dame, et qui, étant morte sans enfants, en avait fait héritier Jean d'Argenteau, son troisième mari (1), Montfort sur Ourthe, dont les ruines existent encore vis-à-vis

(1) Elle avait épousé en premières noces Jean sire de Rubempré, et après lui Pierre de Trazeignies, son cousin, seigneur de la ville et pays d'Armuyden en Zélande, pair de Hainaut.

de Pousseur, la baronnie de Monceau dans le comté de Namur, et le comté de Gomignies, l'une des grandes terres *bannerées* du Hainaut (Carpentier, *Hist. du Cambrésis*, t. II, page 153), le château et la libre baronnie de Hamal près Tongres, dont il est si souvent fait mention dans Hemricourt (*Miroir des Nobles de la Haisbaye*), quand il rapporte les événements et les guerres auxquelles les seigneurs de ce nom prirent une part si active; quatre-vingts fiefs en dépendaient (*Archives de l'État à Liége,* manuscrits du héraut d'armes Lefort, vol. X k, n° 73, fol. 63). Elle sortit de la maison de Hamal, vers le milieu du quinzième siècle, par le mariage de Marie, dame et baronne de Hamal, avec Conrard d'Alsteren, maréchal héréditaire de Juliers.

Nous ne devons pas omettre de citer la baronnie de Vierves, dont relevaient la seigneurie et le château de Vireux-sur-Meuse, et qui était l'une des quatre franches-baronnies du pays, et aussi l'une des plus importantes, puisqu'elle avait une étendue de plus de dix lieues. Le château dont dépendait cette terre, si vaste et si riche en droits seigneuriaux, a été jusqu'à l'époque de la révolution française, qui les en a dépossédés, la résidence principale des chefs de la maison de Hamal, qui avaient de toute antiquité le titre de chef et libre baron. (Voir *les Délices du pays de Liége.*)

Cette maison compte plusieurs membres qui se sont

signalés dans l'armée et ont occupé de hautes charges :
Jean de Hamal, sire de Monceau, gentilhomme de la
chambre de l'empereur Charles-Quint, gouverneur et
capitaine général d'une partie du Brabant. Il avait reçu
la mission d'épouser en son nom l'infante Isabelle,
avec promesse d'être décoré, à son retour, de la Toison d'Or ; mais, retenu par une grave maladie, il fut
remplacé dans cette mission par son cousin le baron
de Trazeignies (1), qui reçut la haute distinction de
l'ordre promis à Jean de Hamal. Philippe de Hamal,
baron de Monceau, qui mourut en 1557, avait été
gouverneur et capitaine général du duché de Gueldre,
colonel de douze cents chevaux, général des Reîtres
et des hommes d'armes aux bandes d'ordonnance,
conseiller d'État de guerre, ambassadeur, gentilhomme de la chambre et grand maître d'hôtel de
l'empereur Charles-Quint, qui l'avait décoré lui-même
de l'ordre de la Toison d'Or. Attaché dès l'âge de dix
ans à la personne de ce prince, il l'avait suivi dans
toutes ses expéditions, et avait été chargé des négo-
ciations les plus importantes de ce règne mémorable.
Gautier, capitaine d'une compagnie de lances italiennes, qui fut tué en 1525 en combattant contre les Fran-
çais. Guillaume, général de cavalerie, et commandant

---

(1) Jean II, baron de Trazeignies et de Silly, pair de Hainaut, maréchal héréditaire de Liége, décédé en 1550, doyen de l'ordre de la
Toison d'or, et enseveli à Trazeignies.

les provinces de Frise, de Groningue et d'Over-Yssel, et toute l'armée de l'empereur Charles-Quint. Il fut tué en Frise après avoir amené la soumission des rebelles. Charles, colonel d'un régiment d'Allemands et capitaine d'une compagnie de lances italiennes, qui fut aussi tué en Frise, en 1582, devant Lockem, où il commandait l'avant-garde. Guillaume de Hamal, comte du Saint-Empire, baron de Monceau et de Gomignies, qui, en récompense des services qu'il avait rendus en diverses ambassades, ainsi qu'il est dit dans les lettres-patentes précitées, et en même temps comme issu des anciens comte de Looz, fut créé comte de Gomignies par l'archiduc Albert et l'infante Isabelle, gouverneurs des Pays-Bas. Émérentiane et Claire, sœurs du susdit comte Guillaume, premières dames d'honneur de l'infante Isabelle.

Il faut encore inscrire la mort glorieuse, sur le champ de bataille, de Jean de Hamal, tué en Frise en 1580, qui avait été à la journée de Lépante avec don Juan d'Autriche en 1571; de Charles, tué également en Frise, qui avait été à la conquête du Portugal avec le duc d'Albe.

Dans le pays de Liége, où la maison de Hamal avait ses principales possessions héréditaires, on compte plusieurs grands dignitaires, des gouverneurs de la ville et château de Dinan, grands baillis et souverains officiers du pays, grands chambellans du prince-évêque, grands mayeurs de Liége, charges dont en dernier lieu était revêtu Ferdinand-François-Alphonse, comte de Hamal et du Saint-Empire, chevalier de l'ordre Teutonique, mort en 1807.

Membres des états nobles du pays de Liége et de la province de Namur, et des plus illustres chapitres, les Hamal comptent un très-grand nombre de chanoinesses de Sainte-Aldegonde à Maubeuge, de Sainte-Gertrude à Nivelles, de Saint-Waudru à Mons, et au chapitre de Moustiers, jusqu'à l'époque de la révolution française.

Rédigé d'après des documents authentiques, titres et diplômes qui sont aux archives de la maison de Hamal.

FIN.

Paris. — Imprimerie de Firmin Didot frères, fils et Cⁱᵉ, rue Jacob, 56.

www.ingramcontent.com/pod-product-compliance
Lightning Source LLC
Chambersburg PA
CBHW051312050726
47595CB00008B/3515